時間がなくても
心地よい住まいがつくれる
幸せな
ひとり暮らし

mido @green.heya

味のある古道具と家具と暮らす、自分のための居心地のよい部屋

雰囲気のある古道具、憧れのソファやテーブル。部屋にあるのは、本当に好きなものだけです。

ものがあっても見せ方次第で
すっきり整った空間になります

部屋が乱れていると気持ちも乱れてしまうから、
快適に過ごせるように、ものを上手に隠します。

週末は家具を動かして
模様替えを楽しんでいます

ベッドを真ん中に

部屋の真ん中に置いてみたら少し落ち着かなかった。

ベッドを黒壁側に

部屋の奥を寝室ゾーンに。黒壁とベッドがよく合う。

レイアウトの正解は1つじゃありません。
家具の配置が変わると、新鮮な気持ちになれます。

ソファをキッチン側に

ベッドを窓際に置き、キッチンを背にソファを配置。

ソファを黒壁側に

黒壁にソファをくっつけ、古道具の棚を横に並べて。

仕事で疲れて帰ってもホッとできる部屋を求めて

私のひとり暮らし歴は、社会人になってからは8年目。7年間住んでいた部屋は9帖のワンルームで、収納が少なく、ものが外に溢れている状態でした。仕事で疲れて帰ってきて、散らかった部屋では、なかなかリラックスできません。もっと好きなインテリアを楽しめる心地よい部屋で暮らしたいと思い、引っ越しを決意。そうして見つけた今の部屋は、ワンルームだけど広さが申し分なく、まるでスタジオのような空間にワクワクしました。2018年7月に引っ越し、理想の部屋づくりがスタート。インテリアのテーマは、自分が一番居たいと思える部屋。前から使っている古道具に加えて新たな家具を買い足し、憧れていた「好きなものに囲まれた暮らし」を実現しました。朝、起きて部屋を眺めるたびに、今日もかわいいな、と思いながら幸せをかみしめています。大好きな部屋だから、きれいな状態をキープするための努力は苦になりません。平日は仕事をしていて家事の時間が限られるので、余分なものは持たず、掃除や片付けがラクになる仕組みに。自分のできる範囲で力を入れるポイントを絞れば、忙しくても住まいを心地よく整えることができます。引っ越しと同時にはじめたインスタグラムで、部屋の写真をたくさんの人に見てもらえるようになり、この本が生まれるきっかけになりました。インテリアをはじめ、収納や掃除、休日の過ごし方など、本書は私のひとり暮らしの小さな工夫を紹介しています。ひとり暮らしを楽しむ参考になったらうれしいです。

黒いロールカーテンを閉めるとキッチンが独立。開けるとリビングを見渡せて開放感のある空間に。

入居時の頃。ものが何もなく、ガラガラです。±０（プラスマイナスゼロ）の扇風機を置いて。

CHAPTER 1

帰りたくなる部屋のつくり方

CHAPTER 2

ものはあってもすっきり見せる収納

CHAPTER 3

仕事のある日も暮らしをていねいに

CHAPTER

4

きれいを保つ、ちょこっと掃除

CHAPTER

5

心が穏やかになる休日の過ごし方

ROOM LAYOUT

for mido

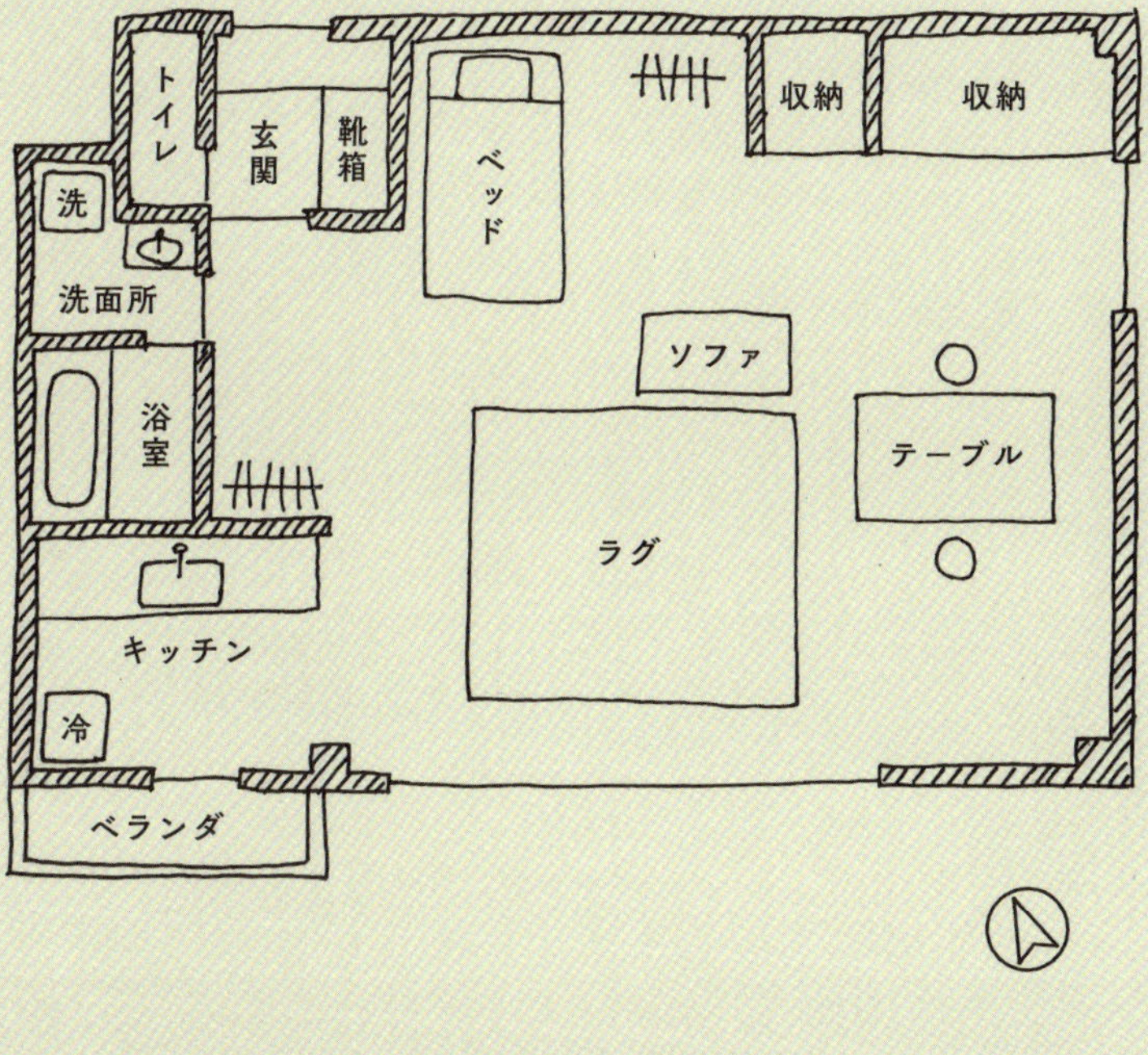

石川県金沢市郊外にある築32年の賃貸マンションで、45㎡のワンルーム。4階建ての最上階で日当たり良好。建物は古いけれど、リノベーション物件で黒壁やコンクリート風の壁紙などの内装で、おしゃれなつくり。キッチンとリビングはロールカーテンで仕切れるため調理のにおいは気になりません。収納は押入れが2つ。広いリビングは使い方の自由度が高くて楽しい。ベッドを置いた寝室ゾーン、ラグを敷いたくつろぎゾーン、テーブルを置いたカフェゾーンと、スペースを分けて家具を配置しています。

ポイント

家で過ごす時間が楽しくなる、居心地のよい部屋とは？
引っ越しをし、試行錯誤しながら、たどりついた理想の空間。
部屋づくりで私が大事にしているポイントを紹介します。

1 定期的な模様替えでベストな配置を見つける

ひとり暮らしだからこそ、大事にしたいのは自分にとっての居心地のよさ。全体のバランスや動線を考えてベストな配置を探し続けています。家具のレイアウトは本当は何通りもあるはずなのに、自分の中でパターンが固定化してきてしまいます。ときにはベッドやソファといった大きな家具を思いきって移動してみると、思いもよらない発見につながります。家具を動かすと掃除もしやすく、定期的な模様替えはホコリ予防にもおすすめです。

心地よい部屋づくりの

2 こまごましたものは隠してすっきり見せる

いくらお気に入りの家具をそろえても、ものがごちゃごちゃ外に出ているとインテリアの雰囲気を壊してしまいます。だから収納はとにかく隠すことが大事。大きさやデザインがバラバラの本や雑誌も、ファイルボックスの中に入れれば見た目を統一できます。コード類は専用のボックスにまとめ、スキンケア用品やリモコンは視界に入らないソファの下に。ものを上手く隠すことができれば、部屋がすっきり見えて気持ちよく過ごせます。

3

古道具と新しい家具は、色味をそろえて統一感を

部屋には古道具が多いけれど、ダイニングテーブルやベッド、ソファなど新品の家具もあります。新品と古道具をミックスするときは、どちらも個性を主張しすぎないシンプルなデザインを選び、色味をそろえることでまとまります。部屋の色は白、黒、茶色でまとめ、木の色は焦げ茶に統一しています。テーブルやコンセントカバー、ベッドの脚などの木材はウォールナットに。落ち着いた木の色が好きで、古道具とも違和感なくなじみます。

4

家具は妥協せずよいものを、水まわりはリーズナブルに

大きな家具は気軽に買い替えることができないし、部屋の雰囲気を左右するもの。本当に気に入ったものが見つかるまでは妥協したくありません。長く使えるので、多少お値段が高くてもよいものを選ぶようにしています。すべてにお金をかけていると大変だから、私はキッチンや洗面所といった水まわりのものは、リーズナブルでよしとしています。収納棚や日用品は無印良品やニトリ、100円ショップを利用し、安くそろえています。

CHAPTER 1

帰りたくなる部屋のつくり方

スチールのフレームもかっこいい「HR SOFA 2-SEATER」。

座るだけで幸せになれるソファ

01

引っ越しを決めてすぐに注文したのが、大阪の家具店、TRUCK（トラック 111ページ）のソファ。10年以上前にカタログを見て一目惚れし、いつか欲しいと思っていたのです。前の部屋では座椅子を使っていたので、ソファのある生活にずっと憧れていました。高い買い物だけど、長く使うものだから思いきって奮発。カーキの色合いとコーデュロイの生地が気に入っています。お茶を飲んだり、本を読んだり、ぼーっと外を眺めたり……。座るだけでうれしくて幸せな気持ちになれます。

足元の冷え対策に無印良品のひざかけを置いています。冬は電気ブランケットを使用。すっぽりかぶるとコタツのようにポカポカです。

古道具のデスクライト、ドライフラワーを置いてもスペースに余裕が。

02

食卓と作業机に使える大きなテーブル

前はテーブルが小さくて不便だったので、大きなダイニングテーブルを購入しました。古道具でも探したけれど、心惹かれるものがなく、金沢の家具店で見つけたオーダー家具に。すらっとした細身の脚、ウォールナットの落ち着いた色味、木の温もりを感じられる質感が決め手。手触りが気持ちよく、触りまくって癒されています。ひとり暮らしでも4人掛けを選択したのは、食卓以外にパソコンや書きものをするときの作業机として使いたいから。思う存分、ものを広げられるのでストレスフリーです。

ファウルの家具店（P.111）で購入した「Tide ダイニングテーブル（ウォールナット無垢材オイル仕上げ）」。椅子は探しているところ。

起床後に足が冷えないよう、ベッド脇に無印良品の手織りマットを。

03

部屋になじむシンプルなベッド

ベッドはインテリアの邪魔をしないシンプルなものが欲しくて無印良品に。ウッドスプリング仕様のベッドフレームに高さ20cmの木製脚をつけ、マットレスをのせました。それまでは簡易折りたたみベッドなどで過ごしてきたので、ちゃんとしたベッドで眠るのは贅沢な気分です。シーツ類は部屋に浮かないよう無地にし、収納の場所を取るので1セットのみ。乾きやすいコットンを選び、晴れた日に洗っておひさまの香りで眠るのが好きです。模様替えのときは家具移動用のキャスター台にのせて運びます。

amazonで購入した「FIT TOOLS 三輪板台車」。

シーツ類も無印良品。掛け布団カバーとボックスシーツはグレー、枕カバーはベージュ。あえて色を統一せず、柔らかい雰囲気を出しました。

寝室ゾーン。ベッド横に姿見と休日着用のハンガーラック（P.41）を。

04 居心地のよい家具の配置

週末は部屋の模様替えをしていろいろな配置を試しています。ベッドは部屋の真ん中、黒壁側なども試したけれど、白壁に囲まれた場所がベストポジション。窓から離れているせいか、落ち着いて眠れます。ラグは部屋の中心に。光が入る場所なので朝は気分よく身支度できます。ダイニングテーブルは、食事をするならキッチンの近くが便利だけど、リラックスタイムで使う方を重視。おしゃれに見える黒壁側に置くことが多いです。ソファはラグのそばに置いて外を眺めるのも好きですが、のんびりくつろぎたいときはテーブルと合わせています。

テーブルの高さに対してソファが少し低いので、座布団を敷いて座っています。電気ブランケットを使う冬は、特によくやる組み合わせ。

窓が大きく、日中は自然光で過ごせます。ベランダはキッチン側に。

05 床・壁・ドア・窓が部屋の雰囲気をつくる

床の色や壁の素材といった建物のつくりは、部屋の雰囲気を左右する重要なポイントです。前の部屋はいわゆる一般的なワンルームで、つくりが味気なく、お気に入りの古道具を飾っても思うようなインテリアになりませんでした。その反省を踏まえ、部屋探しは建物の雰囲気を重視。どんなに機能性や立地がよくても、見た目に惹かれなければ心が動きませんでした。今の部屋は築年数が古い、リノベーション物件。床はシックな色のフローリングで、黒い壁があり、部屋の扉は黒、コンクリート風の壁紙

A 黒い壁と焦げ茶のフローリングは古道具との相性も抜群。
B 部屋と押入れの扉は黒。つくりが古くてレトロな雰囲気。

が貼られている天井など、とにかく味わいがあります。大きな窓からは光がよく入り、最上階なので眺めもよくて気持ちいい。居心地のよい部屋づくりの第一歩は、建物の雰囲気や環境が、自分の望む暮らしと合うかどうかを見極めることかもしれません。

大きな瓶に存在感のある紫陽花とコットンフラワーを入れて。

06 置くだけで絵になるドライフラワー

ドライフラワーが好きです。雑貨屋や花屋で購入し、古道具の瓶やピッチャーなどに入れて部屋のいたるところに飾っています。あせた色合いがアンティークな雰囲気をつくり、置くだけで様になります。中でもユーカリがお気に入り。ドアや窓辺に吊るしています。生花はしおれるのが悲しいけれど、ドライは水換え不要で長持ちするのもうれしいところです。

すりガラス入りの木のフレームに挟み、絵のように。

チェストの上は植物コーナー。日が当たる窓のそばが定位置です。

疲れた日も植物があれば

07

自然が好きなので、部屋に植物を置いています。オリーブ、ゴムの木、多肉植物など、見た目で心惹かれたものを買い集めました。お世話はそんなに神経質にならず、鉢を持ち上げて軽ければ水やりのタイミング。夏は数日ごと、冬は2週間に1度くらいでいいので負担になりません。白、黒、茶色で統一した部屋に、グリーンはよいアクセント。眺めていると不思議と心が落ち着き、疲れを癒してくれるのです。

フィカス・ベンガレンシスというゴムの木の仲間。

前のグレーのラグは今より小さめ（140 × 200cm）で毛足が短い。

思いきりゴロゴロできる広くて厚みのあるラグ

08

ソファの前にラグを敷きたいと思い、色やサイズ、毛足はどうするか、悩みながらあちこちお店をめぐりました。最初に買ったのはグレーのラグ。コンパクトで軽く、安価なのが決め手でした。今のラグはたまたまネットで見つけたもの。現物を見られないけれど、お手頃価格だったので購入。結果、買って正解でした。シャギータイプにしたことで前より見た目がよくなり、厚みがあるので寝ころんでも痛くありません。ラグの上は家具を置かず、広々と使うのが好き。手足を伸ばしてゴロゴロしています。

楽天市場で購入した「洗えるシャギーラグマット」(200 × 250cm)。
ラグでくつろぐときは古道具のミニテーブルに飲み物などを置いて。

09 コンセントカバーとコードは目立たせない

延長コードはパナソニック「ザ・タップＦプレミアム」。コンセントカバーはササキ工芸「スイッチプレートSTD１ヶ口」。

部屋をいくらおしゃれにしても、コード類の見え方で一気に生活感が出てしまいます。延長コードは目立たない黒にしようと大型電気店に買いに行ったら、焦げ茶の木目柄を発見。床と同化するため、外に出ていても気になりません。コンセントカバーは古いタイプがついていて黒い壁とマッチしていないのが気になり、家具に合わせてウォールナットの木製プレートをネットで購入。ねじで取り外して簡単につけ替えられるので賃貸でも安心です。退去時に戻せるように元のカバーは大事に保管してあります。

厚紙は紙袋を解体したものでOK。缶のサイズを測って筒を作り、下に4カ所切り込みを。中に袋を入れ、持ち手を切り込みに引っかけます。

10 ゴミの見えないゴミ箱を

我が家のゴミ箱はGloini（グロイニ111ページ）で見つけた錆びた風合いのアンティーク缶。ひとり暮らしをはじめてから理想のゴミ箱を探していて、気に入ったものが見つかるまでは妥協せず、段ボールをゴミ箱代わりにしていました。ようやく出会えたときの喜びはひとしお。もう8年も愛用しています。ふたつきでゴミを隠せるのですが、ゴミ袋を中にセットすると袋の持ち手がはみ出てしまうのが悩みでした。そこで缶の中に厚紙で作った筒を入れ、袋の持ち手を引っかけられるように。これで袋も完全に隠せてインテリアに溶け込んでいます。

ポートメリオンのピッチャーにドライフラワーを入れ、スツールに。

11 何役もこなせる木のスツール

普段はダイニングテーブルの椅子として使っている丸い木のスツールは、子どもの頃から実家にあったものと、金沢古民芸会館（111ページ）で購入したもの。スツールは軽くて持ち運びしやすく、シンプルな形なので、椅子としてだけでなく、使い方を自由に変えられます。植物やドライフラワーを置いて小さな飾り棚として使ったり、ソファやベッドの横に置き、飲み物などをのせてサイドテーブル代わりにしたり……。使わないときは、壁際にただ置いておくだけでもインテリアになります。1つで何役もこなしてくれる頼りになる存在です。

このカタログの写真を見て、ソファ（P.20）に憧れました。

12 インテリアのセンスは本で養われる

今の私があるのは、インテリア好きの姉の影響が大きいです。本を見せてくれたり、一緒に雑貨屋めぐりをしたりして情報交換する仲です。家具の配置や合わせ方などは、本や写真をたくさん見て参考にしています。特に大好きなTRUCK（トラック）のカタログは私にとってインテリアの教科書。眺めるたびに発見があります。内田彩仍さんも好きで、新刊をチェックしています。

内田彩仍さんの著書の一冊。『いとおしむ暮らし』（主婦と生活社）。

CHAPTER

2

ものはあっても
すっきり見せる収納

BRAVIA
DUNDEE
MARMALADE

かごは niko and...（ニコアンド）で買ったもの。

出番の多い服はオープンラックに飾る

13

服の収納場所は押入れの中ですが、いちいちしまうのが面倒だから定期的に着る服は出しっぱなしにしたいと思い、オープンラックを導入しました。通勤着用と休日着用に分け、よく着るものをかけています。外に出ていると選びやすく、出し入れがぐっとラクになりました。休日着は見た目優先で選び、ディスプレイも兼ねています。オープンラックは部屋の雰囲気を壊さないシンプルなデザインにし、ハンガーは黒で統一。ラックの下にはかごを置き、ボトムスやカットソーなどをしまっています。

| 通勤着用 |

unico（ウニコ）のアイアンハンガーラック。1週間分のシャツと、カーディガンやアウター、ボトムスをかけています。

| 休日着用 |

Accent +（アクセンタス）の「アイアンハンガーラック メニーレジーア」。服以外にストールやバッグをかけて、お店風に。

左はカジュアル、右はアクセサリーをプラスしたきれいめコーデ。

14 お気に入りの服を少数だけ持つ

アクセサリーや時計は古道具の木箱に収納。

引っ越しを機に着ない服を処分し、本当に気に入ったものだけが残りました。会社では指定のベストとスカートを着用し、通勤着はシャツが中心。休日着も最低限のものがあれば足りるため、数はあまり必要ないのです。20代の頃はリネンのワンピースが好きでしたが、年齢とともに好みが変化し、今はTシャツやジーンズ、リネンパンツなどが多いです。ファッションにお金はかけず、ユニクロや無印良品でリーズナブルに。おしゃれしたいときは、アンティークのアクセサリーをつけて雰囲気を変えています。

メガネケースは中央上の黒革が普段用、左上のベージュは登山用。

引き出しは1段1カテゴリーに

15

引き出しは1段ずつカテゴリーを決めると片付けやすいです。メガネ用の引き出しには、普段用、登山用、伊達メガネ、サングラスをケースと一緒に収納。お店のディスプレイのように並べています。ぎゅうぎゅうだと探しにくくてストレスに。詰め込みすぎず、余白をつくるときれいな状態をキープできます。

文房具の引き出しは仕切りを設けて見やすく整理。

スヰヘイ（P.111）で購入した脚つきのかごに普段使いのバッグを。

かごさえあれば おしゃれにしまえる

16

かごは収納に便利なアイテムです。フローリングとの相性もよく、あるだけでおしゃれに見えるので、用途別に部屋のあちこちに置いています。脚つきのかごはバッグ入れ。前はバッグを床に直置きしていたけれど、倒れてしまうので専用の置き場をつくりました。ベッド下のかごには一眼レフカメラやコード類を収納したふたつきのプラスティックケースを入れ、上にノートパソコンを重ねています。マメに片付けるのは苦手な私ですが、かごは何も考えずに放り込むだけでいいから助かっています。

A 雑貨屋で購入したワイヤーかごは鍋つかみやランチョンマットなど布小物を入れ、テレビ下に。**B** 富山の古道具屋で購入した小さなかごはメガネ入れ。就寝前に置きやすいようベッドのそばに。**C** ベッド下のかごは洋服のオープンラック下のかご（P.40）と同じで niko and ... で購入。パソコンやカメラを収納。

ファイルボックスは実家からもらったりんご箱の中に収めています。

ファイルボックスでこまかいものを隠す

17

無印良品のファイルボックスは、ごちゃごちゃ見えるこまかいものを隠すことができておすすめです。部屋には鮮やかな色を入れたくないので、本や雑誌の背表紙が見える普通の本棚は嫌でした。ファイルボックスに入れてしまえば外からは見えず、大きさがバラバラでも気になりません。1ボックス1カテゴリーにすると整理整頓がしやすく、新聞紙や書類、掃除道具など、置き場に困るものも見た目に統一感が出てすっきりします。紙製だから軽くて移動しやすく、出し入れがラクで便利です。

無印良品「ワンタッチで組み立てられるダンボールファイルボックス」。
本や雑誌、新聞紙、掃除道具（P.96）、取り扱い説明書などの書類を収納。

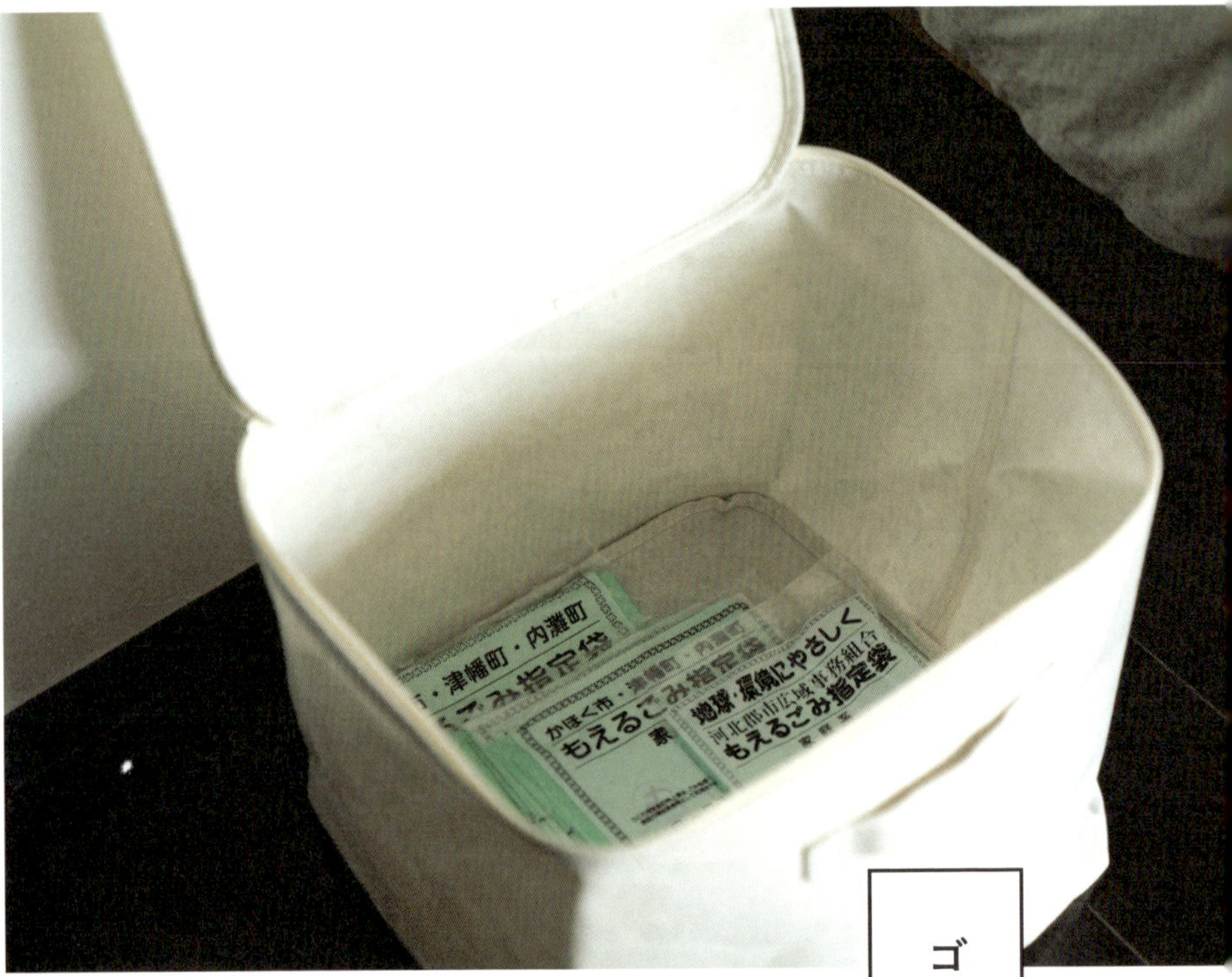

無印良品「ポリエステル綿麻混・ソフトボックス フタ式L・ハーフ」を使用。

18

ゴミがたまったら一時置き場へ

部屋にあるゴミ箱は黒いアンティーク缶（35ページ）1個だけ。キッチンにはポリ袋を吊り下げ、ゴミ入れにしています。ゴミ箱が少ない分、いっぱいになったときの置き場が必要です。そこで、ふたつきの布製ボックスを部屋の入口に置き、ゴミの一時置き場に。リビングやキッチンのゴミ袋が一定量たまったら、ここに入れて隠しておけば目に入りません。お弁当を買って食べたときなど、大きなゴミが出たら直接一時置き場へ。ボックスには指定のゴミ袋を入れておき、収集日が来たら、中にたまったゴミをまとめて出せばスムーズです。

左は無印良品「ポリエステル綿麻混 ソフトボックス 長方形 小」。

19 頻繁に使うものはソファ下へ

毎日使うものは、できれば出しっぱなしにしたいけれど、ものが外に出ていると見た目が気になってしまいます。ちょうどいいのがソファの下。外にありながらも視界に入らないので収納場所にもってこいです。テレビやエアコンのリモコン、スマホやタブレットの充電コードなどはACTUS（アクタス）で購入したクラフト袋にポイッと放り込むだけ。ドライヤー、スキンケア用品、メイク道具は布製ボックスに入れ、目隠しに布をかぶせて。重さがあるので、ガーデニング用のキャスター台の上に置き、出し入れしやすくしています。

左側は突っ張り棒を渡し、登山用ヘルメットやリュックをかけて。

20 押入れは詰め込まず、7割収納をキープする

部屋には大小の押入れが2つあり、たっぷり収納できます。右側の押入れは服がメイン。上段は普段着や下着類、下段はアウトドア用の小物、薬などの日用品を。左側の押入れは季節家電やアイロン、家電の付属品などを収納。押入れの中はまだ空きがあるけれど、7割くらいの量がちょうどいいと思っています。収納があるからと油断すると、ものが増えるし、いっぱいに詰め込んで次に何かを買ったら溢れてしまう状態はストレスです。スペースに余裕があれば、気持ちにもゆとりが生まれます。

1 通勤用のストッキングとタイツ。2 ボトルやロープなどの登山道具。3 約1週間分の下着類をセット。4 手袋など冬用の小物をバッグの中に入れて。5 コート、ボトムス、シャツ類、スーツ、アウトドア用の服。6 生理用品。7 黒いボックスはパソコンやカメラの道具、白い容器はメモリーカードなど。奥にスーツケース。

引き出しは、1カテゴリーずつ、コンパクトに。

4 冬もの

1 シャツ・Tシャツ

5 アウトドア

2 ボトムス

6 日用品ストックなど

3 靴下・インナー

1 Tシャツ、シャツ、タンクトップなど暑い季節用の服。2 ジーンズ、コットンパンツなど。3 仕切りを入れて下着や靴下、インナーを整理。4 ニット系のトップス、タイツ、結婚式用の肩掛け、ペチコートなど。5 手袋、携帯トイレ、折りたたみバッグ、ゴーグル、地図など登山用の道具。6 右側は薬、カイロ、冷却シート、マスクなど。左側はパッキング用の保存袋やタオルなど登山用のもの。

Bluelounge（ブルーラウンジ）「ケーブルボックス ミニ」を使用。

21 専用ボックスで配線がすっきり

テレビの電源、アンテナ、インターネットの機器など、テレビ周辺は配線が集中しやすく、どうしても見苦しくなってしまいます。その悩みを解決してくれるのが、コード類をまとめて入れることができるケーブル収納用のボックス。ふたを開けて隠したいものを入れるだけ。電源タップをアダプターやコードがついたまま丸ごと収納できます。見た目がすっきりするのはもちろん、ホコリがたまりにくいので、火災予防にもなって安心。コードがからまることがなく、掃除もしやすくて快適です。

靴箱横の死角スペースに傘や雪用の長靴を置いています。

22 玄関には靴を1足だけ

玄関は狭いので余計なものを置かないようにしています。出しっぱなしにしていいのは、通勤に履く靴1足のみにし、他は靴箱の中へ。靴は最小限しか持っておらず、スニーカー、サンダル、ブーツ、登山靴、フォーマル用、雪用の長靴くらい。靴箱には靴以外に防災マップやタウンページ、来客用のスリッパも入れていますが、スペースに余裕をつくるようにしています。傘立ては置かず、傘はドアノブや靴箱に引っかけて。玄関が散らかっていると気の流れが悪くなると言うし、人が出入りする場所だから、いつも整えておきたいのです。

A

B

A 靴箱の上は停電用に懐中電灯やランタンを入れた紙袋、鏡、飾りの古い陶器、捨てる乾電池を入れたブリキ缶を。自分で編んだマットを敷いて鍵置き場に。**B** 目の前がトイレなので靴箱の脇にはトイレ掃除用シートと来客用ゴミ箱も。

23

トイレは何も飾らずシンプルに

トイレには天井と同じコンクリート風の壁紙が貼られ、これだけで十分おしゃれ。ワンルームのトイレは狭いので何も飾っていません。マットは敷かず、置くものも最小限にしています。ゴミ箱は置かずにゴミ袋を用意しておき、ゴミを入れた袋は床に直置きします。掃除用の使い捨てブラシを便器の後ろに。トイレットペーパーのストックは別の場所に収納するより、トイレ内にあると取り替えがラク。残数が一目でわかり、買い忘れ防止にもなります。

100円ショップのプチゴミ箱にゴミ袋と付け替え用ブラシを入れて。

24

収納の少ない洗面所はオープン棚でフォロー

洗面所は洗濯機置き場があり、室内干し用スタンドや掃除機など部屋に置きたくないものを隠す物置きとしても使っています。狭くて収納が足りないため、よく使う日用品は省スペースで置けるキャスターつきのオープン棚にまとめました。上段はフェイスタオルとティッシュ、中段はバスタオルと洗濯グッズ、下段はフローリングシートや洗濯ネットを置いています。出し入れしにくい洗面台の下は、使用頻度が低い詰め替え用シャンプーなどの収納場所に。

ワゴンは無印良品「ポリプロピレン組立式ワゴン キャスター付３段」。

シンクの下には手拭き用のタオルとゴミ袋を吊り下げています。

25 キッチン収納は使いやすさを重視

じつは料理が超苦手分野。ワクワクしないと体が動かないので、キッチンは快適で使いやすい収納を考えました。私にとって一番取りやすいのが上の戸棚。よく使うラップや調味料を入れています。下の戸棚はかがまないといけないため、使用頻度の低い鍋や掃除グッズなどを。調理道具は引き出しの中やフックで吊り下げ、1アクションで取れるように。まな板やトレイはシンクの横に出しっぱなしにしています。琺瑯のバットやボウル、水切りかごなど、外に出ているものは白で統一して清潔感を。気持ちよくキッチンに立てれば、やる気が湧いてきます。

水切り

ホームセンターで購入したオールステンレスの水切り。ときどき湯をかけて煮沸消毒。スポンジ入れは使わず、立てかけています。

引き出し

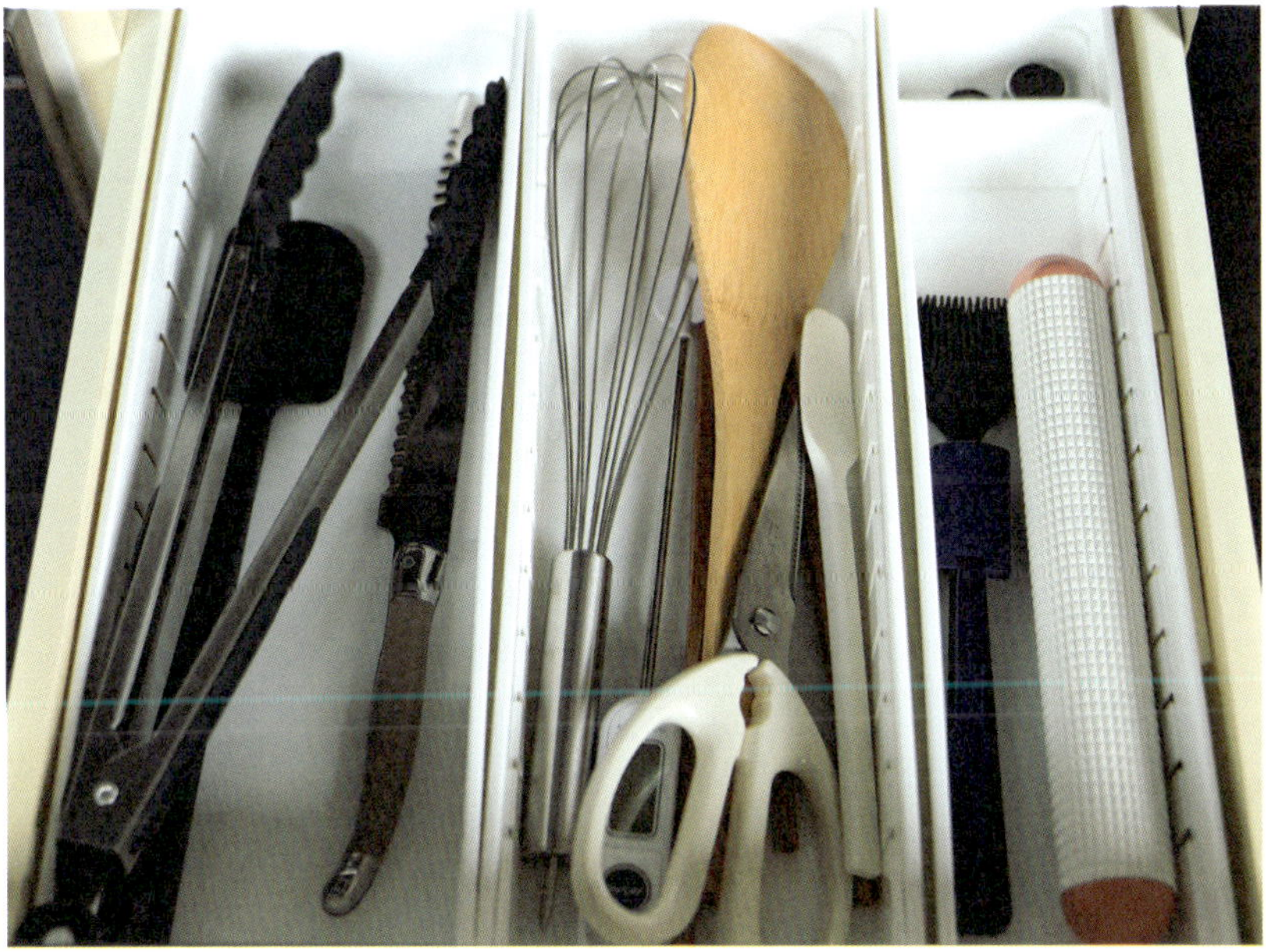

100円ショップの収納ボックスを使って調理道具を整理。

戸棚・上

A ラップや保存袋、クッキングシート、ペーパータオル、テーブルや食器を拭く布ふきん、調味料（P.74）など。**B** 保存容器やボウル、パン作りに使う道具。型はキッシュ作りにハマったときに使っていたもの。

戸棚・下

C 右はパンの材料を透明ボックスに入れて。左はコメリ「シンク下フリーラック伸縮タイプ」を使い、天板、食器、パン発酵用の容器などを整理。**D** オーブンを持っていない頃よく使っていた無水鍋、フライパンのふた、掃除グッズ。

お茶碗形の米研ぎ用水切りは、曙産業「米ピタクリップ ホワイト」。

26 乾きのよい吊り下げ収納

壁には取りはずし可能なフックをつけてフライ返しやお玉、トースターの掃除に使うミニブラシをかけています。シンクの上にある吊り下げ棚には、S字フックやフックつきのクリップを引っかけ、パン生地の発酵やレンジで温めるときに使うシリコンラップ、研いだお米をこぼさずに水切りできるストッパー、レーズンで天然酵母を作るときにレーズンをすくうための小さな網などを吊り下げています。どれもあまり汚れず、さっと洗えば済むもの。洗ったらそのまま吊り下げておけば、自然と乾くので拭く手間を省くことができます。

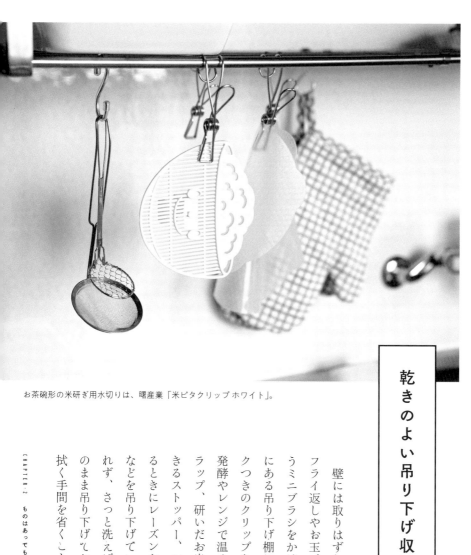

切ったピーマン、なす（塩水につけたもの）を冷凍。炒めものなどに使用。

27 冷蔵庫は食材の定位置を決める

マメに料理をしないため、食材の買い置きはあまりしません。野菜は週末に実家からたくさんもらえるので、余ったら切って冷凍しておきます。冷蔵庫は段ごとに入れるものを決めています。1段目はパン用のスペース、一番使いやすい2段目には買ってきた食材を入れます。3段目は実家からもらうお米や作ったおかずの残り、マーガリンや味噌。下の引き出しはじゃがいも、玉ねぎ、にんじんなどの長期保存できる野菜や砂糖などのストック。収納場所が決まっていると何がどのくらいあるか一目でわかり、無駄なく使いきることができます。

1段目はパンの材料や酵母の他、コーヒー豆も。2段目はニトリの水切りかご（水切り部分をはずして使用）を置き、買ってきた肉、野菜や惣菜を入れ、出し入れや掃除がしやすいように。米は大きい保存容器に入れて3段目に、常備野菜は保存袋に入れて4段目の野菜室に。

冷蔵庫は詰め込みすぎず、余白があるくらいがちょうどいい。

冷蔵庫の開け閉めの邪魔にならないように小ぶりな紙袋をチョイス。

28 レジ袋はすぐしまえるように

生ゴミ入れやキッチンのゴミ袋として活躍するのが、スーパーやコンビニでもらうレジ袋です。さっと手を伸ばせば取れる範囲に置き場をつくりたいと思い、冷蔵庫にマグネットフックをつけ、紙袋を引っかけました。レジ袋をもらったら、きれいにたたんで紙袋の中に放り込むだけ。買い物から帰ってきて食材を冷蔵庫に入れたあと、すぐしまうことができるからラクです。大きなレジ袋は、いつも使うバッグのポーチに入れておき、スーパーに行くときに再利用しています。エコバッグよりも軽くてスペースを取らず、持ち歩きやすいです。

LODGE の鉄鍋はテーブルに置くと絵になり、ひとり鍋もおしゃれに。

一軍はオープン棚に集合

29

キッチンでよく使う一軍は戸棚にしまうのは面倒だから、外に出しておきたいと思い、洗面所（57ページ）と同じ、無印良品のキャスターつきワゴンを置いています。オープン棚なので出し入れしやすく、使用頻度の高い道具や調味料の収納に使っています。一番上に炊飯器と電気ポットを置き、1段目はFrancfranc（フランフラン）「クッキングコンテナ」などに入れ替えた砂糖と塩、デジタルスケール。2段目はポットやミル、コーヒーサーバー、フィルターなどコーヒーを淹れるときに使うもの。3段目はLODGE（ロッジ）の鉄鍋、使いかけの袋をとめるクリップ、スポンジのストック。棚に置くものは白と黒で統一し、こまごましたものを無印良品の収納ボックスに入れることですっきり見せています。

家電は奥にまとめて配置。白が多いとキッチンが明るくなります。

30

キッチン家電は白で統一

キッチンの家電は、ほとんど前の部屋で使っていたもの。色は白でそろえています。冷蔵庫と炊飯器、電気ポットは無印良品。シンプルなデザインが気に入っています。トースターは＋－0（プラスマイナスゼロ）。前のキッチンが狭かったので、スペースを取らないスリムなデザインを選びました。オーブンレンジは前は持っていなかったのですが、パン作りをするようになってから購入。オーブンは黒や赤が多いので白を見つけたときはうれしかったです。白で統一すると清潔感が出るだけでなく、汚れが目立つので掃除もしやすくなります。

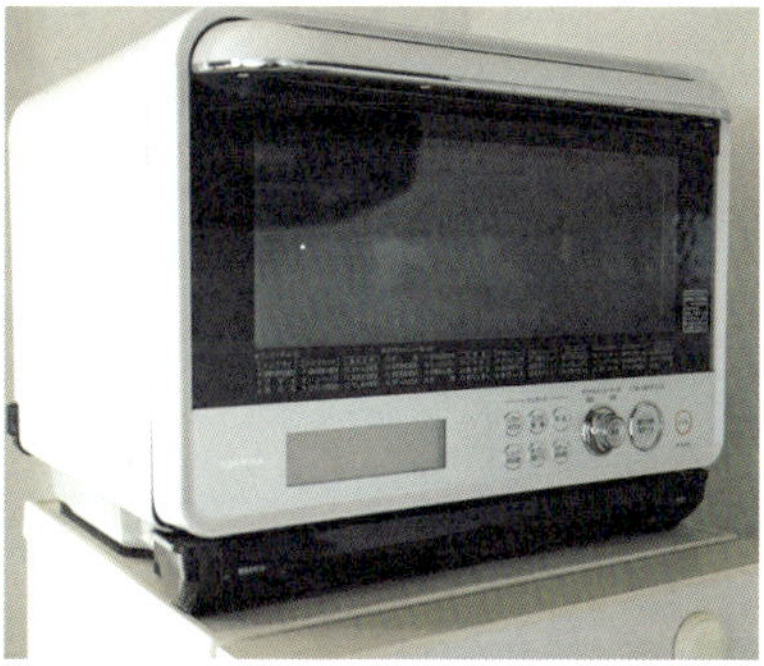

A スチーム式のオーブンレンジ。パンを焼くため機能も重視して選びました。**B** ガスコンロも白なら掃除しやすい。フライパンはコンロに置きっぱなしにしています。**C** 炊飯器は3合炊き。電気ポットは少量の湯を短時間で沸かせてガス代の節約にもなります。**D** スリムなポップアップトースターはシンクの上に置いても場所を取りません。

31 ストック品は取り出しやすく収納

ストッカーの上には紙袋を置き、空のペットボトルや空き缶入れに。

1

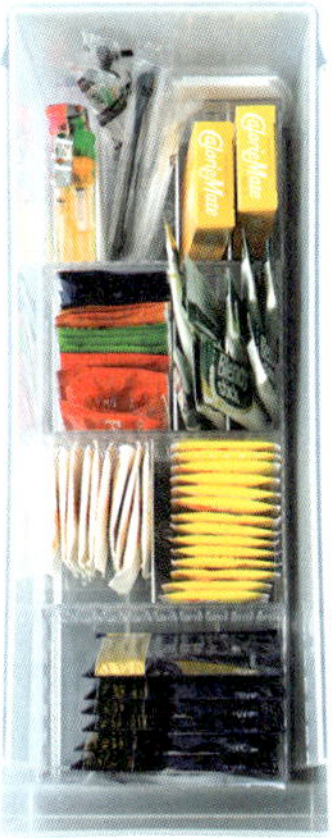

2

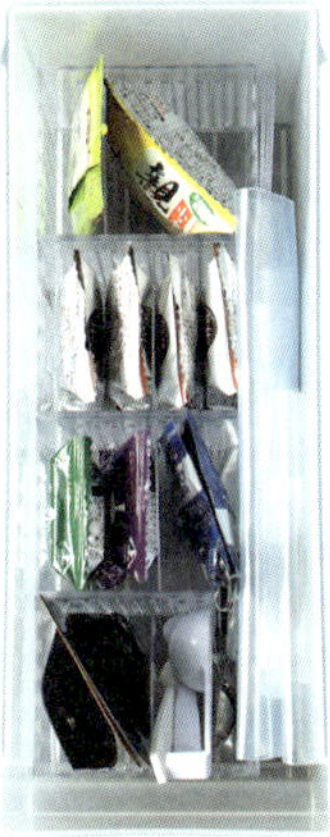

3

4

1 カレーや鍋の素などのレトルト食品、栄養補給ゼリー、余った割り箸類。2 インスタントコーヒー、ティーバッグ、ふりかけ、栄養補助食品、ライター、余ったマドラー。3 インスタントのみそ汁やスープなど、計量スプーン、再利用する保存袋。4 カトラリー。琺瑯のものが多く、木製も少し持っています。

疲れて自炊をする気力がないときは、レトルトやインスタント食品、ご飯のおともふりかけに頼ります。手軽な栄養補助食品はひとり暮らしの心強い味方。時間のない平日は、湯を注ぐだけですぐに飲めるコーヒーや紅茶が必需品です。こうしたストック品は、無印良品のキャスターつき収納（「PPストッカーキャスター付・2」に浅型ストッカーを1段追加して使用）にまとめています。引き出しごとにアイテムを決め、かさばる箱から出し、いつでも取り出せるようにスタンバイしておきます。

ペットボトルがたまったら、紙袋ごと持って捨てに。

MAKING
TRUCK
NOTICE
DON'T THROW AWAY

CHAPTER 3

仕事のある日も暮らしをていねいに

ポットは月兎印、ミルはポーレックス「コーヒーミル ミニ」。

一日の終わりにコーヒーを淹れる

32

コーヒーを飲むのが好きです。時間がない平日の朝は湯を注ぐだけのドリップコーヒーやインスタントで済ませますが、夕食後は豆を挽いてていねいに淹れています。ミルで豆を挽くのは時間がかかるけれど、香りがよく、味も格別。湯をまわしかけ、コーヒーがゆっくり落ちていくのを見ると心が落ち着きます。豆はTULLY'S COFFEE（タリーズコーヒー）の「カフェオレ モナーレ」がお気に入り。私はカフェオレ派なので牛乳を入れて飲みます。一日の終わりのカフェタイムは平日の小さな楽しみ。仕事の疲れを癒す至福の時間です。

コーヒーサーバーとドリッパーは KINTO（キントー）「SLOW COFFEE STYLE コーヒーカラフェセット プラスチック」を愛用。

塩とこしょうをブレンドした「味付塩こしょう」は肉を焼くときなどに。

33 調味料は使いきれる小サイズを

凝った料理は作らないので、常備している調味料は、塩こしょう、砂糖、しょうゆ、みりん、酒、味噌、サラダ油といった最低限のものだけ。スパイスやナンプラー、豆板醤などは持っていません。ブランドにも特にこだわりはなく、スーパーで気軽に買えるごく普通のものばかりです。大きいサイズの方がお買い得かもしれないけれど、使い終わるまで時間がかかるため、風味が落ちてしまうのが気になります。だから調味料は何でも小さなサイズをチョイス。収納の場所も取らず、ストレスなくちゃんと使いきれるから、私にはちょうどいいのです。

保存期間は冷蔵で２週間、冷凍で１か月。日持ちするのがうれしい。

34 常備菜は好きなものを1種類

平日の帰宅時間は20～22時。手作りがおいしいのはわかるけれど、自炊をする意欲がなかなか湧きません。お米はまとめて炊いて冷凍しておき、おかずは惣菜を買ってきたり、納豆など包丁を使わずに済む素材で簡単なものを作ったりしています。疲れているときに、助けになるのが肉味噌です。豚ひき肉と刻んだ玉ねぎを炒め、酒、水、味噌、しょうゆ、砂糖を加えて炒め煮にするだけ。簡単なので料理が苦手な私でも覚えやすく、おいしく作れます。ご飯のおともにはもちろん、卵と炒めたり、アレンジにも活躍。週末に作って冷蔵庫に常備しています。

ご飯に野菜と肉味噌（P.75）、温泉卵をのせて。器の縁取りで賑やかに。

35 好きな食器があれば料理が楽しい

簡単な料理でも素敵な器に盛りつけるだけで、ぐっと見栄えがよくなります。好きな食器を使うのがうれしくて、料理をするのも楽しくなります。色は白や茶系、質感はマットなものが好みです。木の皿はカフェのようなワンプレートランチに憧れて購入。お菓子をのせたり、毎朝トーストを食べるときに使っています。好きな作家は中田雄一さん。あるショップの展示で見つけ、ぽてっとした形と少しザラつきのある手触りに惹かれました。お気に入りの食器はしまいっぱなしにせず、使わないときはインテリアとして飾って愛でています。

A 高橋工芸「Kakudo ディッシュ」。八角形の形とウォールナットの色味が好き。**B** 雑貨屋で購入したガラスのコップ。縦線の模様が気に入っています。**C** 北欧ブランド、クイストゴーのアンティーク食器。10 年以上前にカフェで使われているのを見て一目惚れし、その場で購入。**D** 最初に購入した中田雄一さんの器。

大きな窓のカーテンは無印良品「綿帆布プリーツカーテン」。

36 光が差し込むカーテンを

朝起きたら、カーテンを開けて部屋に朝日を入れるのが習慣です。光をさえぎる遮光カーテンはぐっすり眠るには便利だけど、昼夜の区別がつかなくて私は苦手です。だから、あえて遮光性のないものを選び、キッチンのみ安全面を考えて防炎のものにしました。素材はコットンで、色は無地のオフホワイトに。カーテンを閉めていても暗くならず、直射日光を防ぎたいときにレースカーテン代わりにも使えます。カーテンからもれる柔らかい光は温かみがあって好きです。部屋に光が差し込んだ風景はとても美しく、思わず見とれてしまいます。

リビングの小さい窓には、前の部屋で使っていた生成りのカーテンをつけているので少し丈が長めです。

ブックスタンドは、とれじ（P.111）で購入した古道具。

37 気分を上げる飾りコーナー

古道具の棚に、お気に入りの器、デザインがおしゃれな本、アンティークの鍵など、好きな雑貨を集めて飾っています。テレビ横のブックスタンドには、背表紙が好きな本や古道具の小物を置き、ちょっとした飾りコーナーに。これらはときどき中身を入れ替え、雑貨屋気分でスタイリングを楽しんでいます。飾りコーナーをつくるときは、色味やトーンを合わせ、皿を立てかけたり、後ろに本を置いたりと高さを出すことで、バランスよくまとまります。仕事から帰ってきて、ディスプレイされたコーナーを見ると、かわいくて気分が上がります。

好きなものを飾っている棚。茶系や白、錆びた風合いのものでまとめました。下段の木箱は、左は裁縫箱、右はアクセサリー入れ（P.42）。

バッグは ACTUS（アクタス）「スーホルムカフェバッグ ビッグ」。

38

バッグの中身は入れ替えない

普段使いのバッグは1つだけ。柔らかくて丈夫なコットン素材のトートバッグを、通勤にも休日にも使っています。バッグの中身は基本的にいつも同じです。土屋鞄製造所のがま口財布、化粧直し用に最低限のメイク道具を入れたポーチ、生理用品を入れた布ポーチ、無印良品のハンドタオル、折りたたみ傘、イヤホン、ボールペン。スケジュールはスマートフォンで管理しているので手帳は持ちません。定期入れは出しやすいようにバッグの持ち手に取りつけて。中身を入れ替えないので忘れ物もなく、時間に余裕を持って行動できます。

上から順に、キッチン用、洗面所用、トイレ用のフェイスタオル。

39

タオルは場所ごとに色を分ける

フェイスタオルは、キッチン、トイレ、洗面所にかけています。洗濯をしたとしても、キッチンとトイレで同じタオルを使うのが衛生的になんとなく気になり、場所ごとに使い分けられるよう色を決めることに。キッチンは茶色、洗面所はベージュ、トイレはグレー。無印良品やニトリでリーズナブルにそろえ、それぞれ2枚ずつ持っています。買い替え頻度は決まっていませんが、生地がごわごわになったら取り替え。ちなみにバスタオルはニトリ「抗菌防臭加工 スリムバスタオル」を愛用。フェイスタオルと同じ幅で、干すときに場所を取りません。

OTSU FURNITURE（オツファニチャー P.111）で購入。食器棚に。

味わい深い古道具の魅力

40

実家は古い民家で、味わいのある木の家具は子どもの頃から身近にありました。今の部屋で使っている机やスツールも実家にあったものです。古い家は寒く、昔はあまりよい印象がなかったけれど、インテリアの本などで古いものを取り入れた暮らしが注目されはじめたことで、改めて魅力に気づき、古道具を買い集めるようになりました。同じ古いものでも、最初は明るいトーンのかわいい感じが好みでしたが、今はシックな色味や男っぽい雰囲気のものに惹かれます。時間が経つほどに部屋になじむ古道具。温かく暮らしを支えてくれています。

A 岐阜で買った黒いペンダントライト。液体を移す道具"じょうご"で作られています。**B** 実家の納屋にあった、叔母が学生時代に使っていた机。雑貨を飾ったり、ものの一時置き場に。**C** 実家にいた頃にス[illegible]（P.111）で購入した椅子。これが似合う部屋に住みたいと思ったことが、ひとり暮らしをはじめるきっかけになりました。

霧吹きは100円ショップの小さなボトル。植物と兼用で使っています。

41

気持ちよく仕事に行くため アイロンがけは週末に

通勤に毎日シャツを着ているので、アイロンは欠かせません。仕事で疲れて帰ってきて、夜アイロンがけをするのは重労働だから、時間と気持ちに余裕がある週末にまわします。洗濯したシャツをまとめてアイロンがけし、通勤着用のオープンラック（41ページ）にかけておけば、平日は気持ちよく仕事に行けます。アイロンがけは苦手だけど、シワがきれいに伸びるのを見るとうれしいものです。1つのことに集中しているせいか、アイロンをかけたあとは気持ちがすっきりして、いい気分転換になっています。

こまかいものは mont-bell（モンベル）の袋に入れ、コンパクトに収納。

42

防災グッズにもなる登山道具

もともと運動はあまりしておらず、インドア派でしたが、あるテレビ番組で見た岩山の絶景に感動し、登山が趣味になりました。押入れの中にはアウトドア用の道具をまとめてあります（50ページ）。ヘルメット、携帯トイレ、ヘッドライト、温度計やホイッスル、コンパクトなタオル、防寒着、電池、アルコールウエットティッシュやトイレットペーパーなど。これらは登山だけでなく、防災グッズとしても役立つものばかりです。地震や台風などの災害はいつ起きるかわかりません。新たに買わなくても、いざというときの備えが手元にあるから安心です。

CHAPTER

4

きれいを保つ、ちょこっと掃除

調理や洗い物のあと、ウエットティッシュでさっと拭くだけ。

43 どこでも使えるウエットティッシュ

テーブルや食器を拭くときの布ふきんはありますが、キッチン用のふきんは菌の繁殖や消毒の手間を考え、持たないことにしました。掃除には使い捨てクロス（97ページ）を使い、普段はウエットティッシュで対応しています。ウエットティッシュは手を拭くだけでなく、シンクの水はねを拭いたり、食事をしたあとに皿の油汚れを拭き取ったり、あらゆる場面で活躍します。簡単に除菌ができ、使い捨てできるので気楽です。コンビニやスーパーでふたが白いボトルを探し、パッケージをはがして置いています。

ウエットティッシュはシンクの上が定位置です。

ダイニングテーブルの上は、常にものがない状態にしておきます。

44 好きな空間だから「すぐに片付ける」

本、パソコン、文房具、リモコンなど、使ったものはすぐに片付けることを習慣にしています。つい出しっぱなしにしてしまいがちですが、定位置を決めておくと戻しやすく、散らかりません。お気に入りのインテリアに囲まれた部屋の風景を眺めるのが好きなので、見た目が美しくない状態は落ち着かず、ものが出て乱れていると気になってしまいます。床にホコリや髪の毛を見つけたときは、ハンディモップやドライシートでさっとひと拭き。掃除や片付けは得意じゃないけれど、好きな空間のためなら苦にならないから不思議です。

ゴミ受けのかごを取り出し、中の排水トラップもはずして洗います。

45 キッチンの排水口は100円ショップの専用ブラシで

キッチンの排水口は、なるべくヌメリやにおいが気になる前に掃除をしたいところです。100円ショップには掃除をラクにする便利グッズがたくさん。私は排水口専用ブラシと過炭酸ソーダを使っています。ブラシは先端に角度がついていて溝や角なども洗いやすい。過炭酸ソーダを排水口にふりかけ、湯を注いでしばらく放置したあと、ブラシで洗えば完了です。

Seria（セリア）の「排水口ブラシ」と過炭酸ソーダ。

ティーバッグなど水気のあるゴミは牛乳パックに入れています。

46 におい対策に生ゴミは収集日まで冷凍庫へ

生ゴミ入れはにおいが気になるので置かず、三角コーナーも掃除が面倒なので使いません。排水口に使い捨ての水切りネットをセットし、小さなゴミはネットにためて定期的に捨てています。卵の殻や野菜の皮といった大きなゴミは、ポリ袋に入れて収集日の前日まで冷凍庫へ。冷凍室の下段にボックスを置き、食品と混在しないように生ゴミ用のスペースをつくっています。前の部屋ではじめたことですが、すぐに冷凍してしまえば、においが気にならず、害虫対策にも効果的で、今も続けています。

アンジェ web shop（楽天市場店）「tower 伸縮バスタブトレー」。

浴室は床にものを置かず清潔に

47

浴室は窓がないので湿気は大敵です。お風呂から出たら、完全に水気がなくなるまで換気扇をつけっぱなしにしています。床にものを置くと底がヌルヌルするのが嫌で、バストレーを購入しました。幅を調整してバスタブの両端にのせるだけ。シャンプーやコンディショナー、ボディソープ、洗顔フォーム、石鹸などをのせています。床に何もないと水はけがよく、カビ防止にもなります。お風呂掃除は入浴ついでに。いつでも掃除できるように、スポンジやバスクリーナーをトレーに置き、タオルかけに排水口ブラシ、鏡みがきをかけています。

軽くてシンプルな、ニトリ「オールステンレスX型物干し」。

48 天気に左右されない室内干しのすすめ

ひとり暮らしをはじめた頃は洗濯機置き場が外にあり、外に洗濯機を置くのが嫌で洗濯板で手洗いをしていました。アウトドアをはじめてからコインランドリーを利用。今の部屋に来てようやく洗濯機を購入しました。洗濯は週に2回。ベランダが狭いので室内干しがメインです。エアコンを使う時期は夜干すこともあるけれど、普段はタイマー予約で朝洗濯し、会社に行く前に干します。雨の日は衣類乾燥除湿機を使用。日が当たるところに置けば室内でも1日で乾き、天気の心配がないので気がラクです。

左の細いワイパーはホームセンターで購入。掃除しにくい家具の隙間に。

49 ちょこっと掃除の道具

テレビ下にある無印良品の紙製ファイルボックス（46ページ）に、ちょこっと掃除の道具を入れ、すぐ取り出せるようにしています。中身はハンディモップ、小さなコロコロクリーナー、隙間掃除用の細いワイパーとドライシート。テレビを見ながらラグの上をコロコロしたり、棚の上などにホコリを見つけたら、ハンディモップでさっとなでたり……。掃除機は週末しかかけないので、ホコリをためないために、こうした積み重ねが大事。掃除をするぞと思うと億劫だけど、気づいたときに、ほんの数分だけなら気負わずに続けられます。

どちらもネットで購入。換気扇は使い捨ての油汚れシートを使用。

50 キッチンはスプレー式洗剤と使い捨てふきんで衛生的に

キッチン掃除にはスプレー式の掃除用洗剤、エコストア「マルチクリーナー スプレーシトラス」を使用。シンクやコンロまわりなどの他、窓やドアの拭き掃除など家中に使えます。雑巾は持っておらず、丈夫な不織布素材のふきん「WASHERS ハウスキーピングクロス」を購入。50枚入りなので気軽に使い捨てできて衛生的です。掃除したい箇所にクリーナーをスプレーし、クロスで拭くだけ。使い勝手のよさはもちろん、見た目もスタイリッシュで、掃除をするのが楽しくなるアイテムです。

CHAPTER

5

心が穏やかになる休日の過ごし方

右はレーズン液、左はパン種。出来上がったら冷蔵庫で保存します。

気分転換になるパン作り

51

ときどき週末にパンを焼いています。はじめたのは、5〜6年前。レーズンから天然酵母パンが作れることを雑誌で知り、衝撃を受けました。さっそく試してみたら、失敗しつつもおいしく作れるように。まずレーズンを水に浸けて1週間ほど発酵させ、レーズン液を作ります。レーズン液に小麦粉などを混ぜてパン種を作り、これをイースト代わりに生地に加えることで発酵が進みます。パンのレシピは本やネットを参考にし、自分好みに配合をアレンジすることも。料理は苦手だけど、パン作りはまるで実験のようでワクワクするのです。

写真はハード系の丸パン。材料は強力粉、砂糖、塩、水、パン種とシンプルです。焼きたてのパンの香りは幸せな気分にさせてくれます。

パウンドケーキやクッキーを木のプレートに盛り、コーヒーと一緒に。

52 おうちでカフェ気分を味わう

休みの日に友人が家に遊びに来るときは、カフェ風にセッティングしてランチやお茶をしています。好きなお店でパンやお菓子を買って来て、お気に入りの木のプレートに盛りつけたら、豆を挽いてコーヒーを淹れ、トレイにのせて運びます。iPadで映画や音楽をBGMに流し、お店にいる気分でおしゃべり。自分の部屋だから時間を気にせず、のんびりくつろげます。人が来たときだけでなく、ひとりのときでもカフェごっこをするのは楽しい。カフェに行くのも好きですが、家の中でも十分満足。お財布にやさしく、経済的かもしれません。

コーヒーセットをのせた木のトレイは、カフェごっこに欠かせないアイテムです。長方形の形と厚みが理想的で、ネットで購入しました。

アラン模様のカーディガン。棒針では着るものを編むことが多い。

無心になれる編み物

53

北陸の冬は曇りの日が多く、雪も降って寒いため外出が少なくなります。社会人になってから、家で過ごす時間が増えると編み物をするようになりました。難度が高いものから挑戦したくなり、はじめて編んだ服はロングカーディガン。仕上げるまで大変だけれど、出来上がったときの達成感がたまりません。棒針もかぎ針も好き。模様ができてくるとうれしくて、集中すると一日中編み続けてしまいます。

かぎ針で編んだマット。雑貨を飾るときに敷きます。

カメラはオリンパスのミラーレス一眼を愛用。右はオリジナル写真集。

54 カメラを持って街へ出る

以前、北陸にあるカフェや雑貨屋を紹介するWEBサイトを作っていたことがあり、その頃から軽い趣味程度に写真を撮っています。最初は雑貨、のちに山、今はインテリアを撮ることが多いです。休日はカメラを持ってドライブに行くことも。岐阜県の高山や郡上八幡、富山県の五箇山といった古い街並みが好きで、散歩をしながら写真を撮ります。ドイツやフランス、イギリスを旅したときや山に登ったときの写真は「Photoback（フォトバック）」というサービスを利用してオリジナルの写真集に。ときどき眺めて思い出に浸っています。

写真は実家の居間。奥の戸を開けると庭があります。

55

ありがたみがわかる実家への帰省

実家までは車で30分ほどの距離なので、頻繁に帰っています。山が好きな父と録画した山番組を見たり、弟と夕飯を食べながら映画や漫画の話をしたり……。家族と過ごす時間に癒されています。猫が大好きで本当は自分の部屋で飼いたいのですが、マンションはペット禁止。実家で飼っている猫とたわむれて猫不足を解消しています。実家は果樹園で梨をメインに育てており、繁忙期には作業を手伝うことも。お米や野菜も作っているため、帰ると母が食料をたくさん持たせてくれ、いつも助かっています。

A チンチラゴールデンの“マロン”。モフモフ感とツンデレ具合がたまらない。**B** 外に大きな柿の木。将来は実家みたいな木の壁の家に住みたい。

古道具屋で買ったお気に入り。扇子、鍵、魚形のフック、鉄の鍋敷き。

古道具屋めぐり

56

金沢は古いものを扱うお店が多く、休日は買い物に行くのが楽しみです。ときには遠くに足をのばし、古道具屋めぐりをすることもあります。これまでに訪れたのは岐阜、奈良、富山、東京の目黒通り、イギリスのアンティークフェアなど。買うものを決めていることもあるけれど、予期せぬ出会いがあるのが古道具の醍醐味です。一目惚れして予定外のものを買ったこともたくさん。実店舗以外にネットショップもよく利用します。毎日チェックし、これだと思うものを見つけたらすぐ注文。入荷後に即売り切れになるから、タイミングが命です。

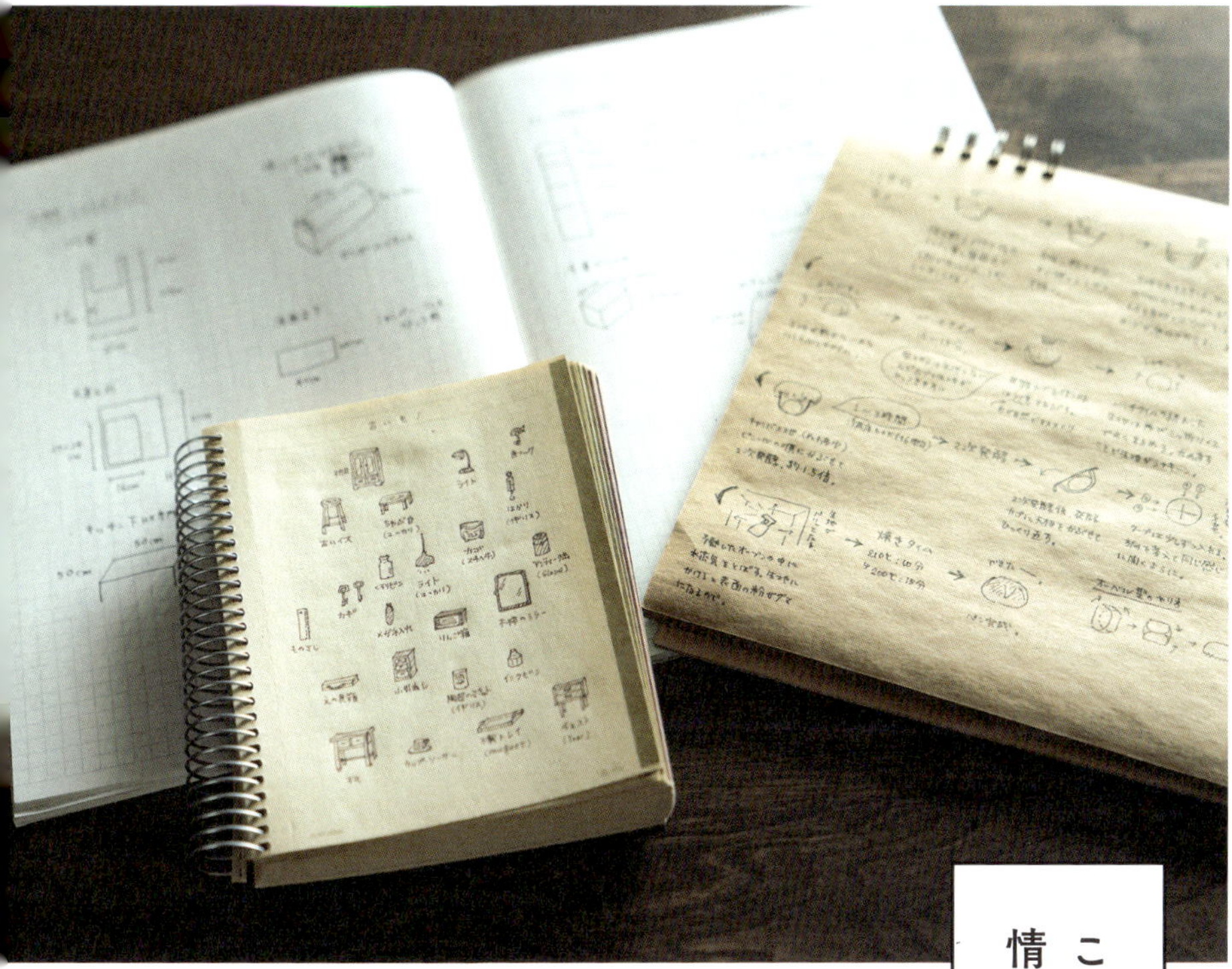

右から、パンのレシピ、収納の見直し、持っている古道具のリスト。

57 こつこつメモして情報を整理する

必要なものをリストアップしたり、古道具をどこで買ったか記録をつけたり……。考え事や情報をまとめたいときはノートに書いて頭の中を整理しています。絵を描いてメモするのが好きなのでスケジュール以外はデジタルより手書き派。ノートは見返しやすいのがよいところです。パンのレシピは無印良品のノートに清書して保管。キャンパスノートは収納のサイズをメモしたりする何でもノート。ミニサイズのノートは切り取り線が入っているので、いらなくなったページを捨てられるのが便利です。

好きな部屋で暮らす ひとり暮らしの幸せ

今の部屋に引っ越してから、ひとり暮らしの自由さに改めて気づきました。誰にも気を遣わずに、生活のためだけではない、「好き」が詰まった遊び場のような部屋に住めるのは、ひとり暮らしだからこそ。カフェのようにくつろげて、雑貨屋のようにワクワクする。憧れていた、そんな部屋をつくることができ、日々の暮らしが素敵なものに変わりました。贅沢をしなくても、大好きな部屋にいるだけで癒され、毎日幸せを感じています。私の部屋づくりの小さな工夫が、こうして一冊の本になるとは夢のようです。本作りに携わってくださった方々、この本を手にとってくださった方々に感謝いたします。

おすすめショップリスト

benlly's & job（石川県）

雑貨屋。
コーヒーアイテムや琺瑯のカトラリー、
革アイテムなどを購入。

https://benllys.com/

ファウルの家具店（石川県）

家具屋。
ダイニングテーブルを購入。

http://www.fowl.jp/
Instagram　@fowlfurniture

Gloiní（石川県）

雑貨屋。
ゴミ箱として使用しているアンティーク缶
を購入。

http://gloini.net/

とれじ（富山県）

古道具屋。
ブックスタンドを購入。

Instagram　@torejiya

スヰヘイ（富山県）

古道具屋。背もたれ付きの椅子、
バッグを入れているかごを購入。

https://suiheisan.exblog.jp/
Instagram　@suiheisha

金沢古民芸会館（石川県）

骨董屋。
木のスツールを購入。

https://kanazawakomingeikaikan.jp/

TRUCK（大阪府）

家具屋。ソファを購入。

https://www.truck-furniture.co.jp/home.html
Instagram　@truckfurniture

OTSU FURNITURE（東京都）

古道具屋。
食器棚として使用している収納棚を購入。

https://www.demode-furniture.net/otsu/

アートディレクション　藤田康平（Barber）
デザイン　藤田康平、白井裕美子（Barber）
撮影　中島千絵美、mido（p.6-7、9、104のセーター、106-107）
間取りイラスト　mido
編集協力　矢澤純子
DTP　アーティザンカンパニー
校正　麦秋アートセンター
編集　松尾麻衣子（KADOKAWA）

掲載した商品の情報は2019年1月末時点のものです。
すべて著者私物のためお取り扱いのないものもあります。予めご了承ください。

時間《じかん》がなくても心地《ここち》よい住《す》まいがつくれる
幸《しあわ》せなひとり暮《ぐ》らし

2019年 4月 4日　初版発行

著　　者　mido《ミド》

発 行 者　川金 正法
発　　行　株式会社KADOKAWA
〒102-8177 東京都千代田区富士見2-13-3
電話 0570-002-301（ナビダイヤル）
印 刷 所　大日本印刷株式会社

KADOKAWAカスタマーサポート
［電話］0570-002-301（土日祝日を除く11時～13時、14時～17時）
［WEB］https://www.kadokawa.co.jp/（「お問い合わせ」へお進みください）
※製造不良品につきましては上記窓口にて承ります。
※記述・収録内容を超えるご質問にはお答えできない場合があります。
※サポートは日本国内に限らせていただきます。

定価はカバーに表示してあります。

ISBN978-4-04-065638-0 C0077